小さくても強い会社への本気経営
成功するカギ満載「経営者後継者右腕幹部」に贈る

成功する
バトンタッチ経営

～中小企業経営リーダーの宿命と寿命～

数々の事業経験とコンサル歴 25 年の頴川がついに
明かした成功への軌跡と秘訣を大公開

中小企業の情熱支援コンサルタント
頴川武司

はじめに

真＝芯のある経営者になってください
地域経済のためにも雇用確保してください
不可欠な中小企業の存続に本気になってください

10年ぶりの出版を待ち焦がれているファンや、約1000名の各経営塾等々の受講生のためにもしたためた成功への完全本です。

読者の方々へ

知ってましたか。

一説によると、ロブスターは寿命が無く不老不死と言われているそうです。

なぜなら、脱皮を繰り返して、内臓までも進化しているということのようです。

そう、残念ながら人は寿命があります。

歳を追うごとに、あらゆる点で老化が進んできます。

しかし、企業は老化もさることながら、寿命があっては地域経済にも雇用確保の面でも不都合が生じます。

猛威を振るっている新型コロナウィルスや劇的変化に富む経営環境下でも、前向きな経営者として前へ前へ。

まさにロブスター同様に、常に企業は脱皮進化し、勝ち続けて存続することが何よりも大切です。


経営を楽しんでますか。


皆さんは、先代から中小企業を引き継ぎ、中小企業の経営をしていかなければなりません。

どのようにして経営をしていくのか、もしくはして行くべきでしょうか。


いまや守られた安全な環境もない、良い会社や良い大学も通用しない、過去の成功例も通用せず、もちろん先代の模倣経営も通用しない。

まずは経営者としての自覚を持ち、しっかりとした「志・信念」を持ち続け、将来「ビジョン」を描き、皆で描く未来戦略として中小企業戦略創りを行い、戦略実行部隊として人を育て組織作りを行い、それを戦略＝組織にしていくかです。

本気で経営していますか。

時代も、世の中も、世界もすべてが激変している状況です。

いよいよ「真の経営者」の出番到来です。

後継者はゼロから作るのではなく、有るものから引き継ぐ「良さ」もあれば、「やりにくさ」もあります。

しかし、経営を引き継ぐ以上、「真の中小企業経営者」にならなければなりません。

わかりません、出来ません、すいませんの言い訳は出来ません。

経営できなければ会社は無くなってしまいます。

そもそも中小企業経営とは何か、中小企業は特にトップリーダー如何で運命は劇的に変わります。

企業、お金、組織、人材、商品、顧客、取引先などを上手く引き継いだとしても何よりも重要なことは、何を継承すべきなのでしょうか。

具体的に言えば、**「何を残し、何を捨て、何を作り上げるのか」**

これが重要なことです。


綺麗ごとではありません。

いつまでもあると思うな「親と金」、腹くくって本気経営すれば必ずや勝ち抜けます。

経営について

まずは、中小企業経営に対する経営者の姿勢態度を問います。

この原点がベースになければ、一時的になんとかなっても継続的な経営が成り立ちません。

信念、志、ビジョン作りや、そもそもの経営者への覚悟、腹をくってもらう。

経営姿勢ですね。


人が組織となり、それの長である経営者は人間だから「人」として、リーダーとして、仲間が居るから成り立つことを理解して頂きます。

戦略について

一言でいえば「捨てる事を決める」ことから始めなさい、選択と集中。

後継者のみならず役員全員がマクロ＆ミクロ環境を常に感じつつ、戦略転換がいつでもできるようにドメインを作り上げること。

私の言う１０対１理論をしっかり見据え、客観的に冷静にデジタルに戦略計画を創りつつ、人材をしっかり育てながら組織作り直しですが、形だけではありません。

キーは

①自由な発想や思想

②年齢ターゲットの選択

③ウォンツ対応とベネフィット価値

④若者・女性の意見情報活用

⑤変化への楽しみ

組織について

一言でいえば「**仲間が居るからリーダーになれる**」ということです。

先代のために自己犠牲もやぶさかでは無かった凄い先輩社員が、簡単に後継者についてくるわけはありません。

誰のために、何のために、頑張るのでしょうか。

お客様のため、世の中のため、しかし、目の前は一緒に働きたいと思えるように後継者自らが、しっかりと律しなければ上手くいきません。

新経営体に向けて、本気で右腕創りをして組織全体の2：6：2を如何に上手く生かし、指導支援か指示管理か人材マネジメントです。

このように、色々な企業や経営者後継者幹部との対応と指導実績のある筆者だからこそ、言える、語れる、指導内容をコンパクトにまとめました。

そのためにも個人的な好き嫌いではなく、自らの経営者としての姿勢、考え方、熱意、志、信念、ビジョンなどをしっかり見つめ直して、今だからこそ整理していくことも重要です。

そして、何よりも「親や先代」を追い越そうと思わないことです。

先代は先代の経営手法でここまで成長してきました。

後継者は自分の経営をすべきであり、そのやり方がわからないから先代の経営手法を模倣してしまい、そして追い越そうと無理してしまい、失敗してしまうケースが多々あります。

実は、最大のライバルは先代でも競合会社でもなく「自分自身」なのです。

何度も言います、決して先代ではありません、自分との闘いです。

7章にて
先代との「親子」「経営」「承継」について書いてます。
良く読んで考えてもらいたいです。

最後になりますが、先代の経営を引き継ぎ、成功する中小企業経営者となるべく後継者の必読書として、中小企業経営者になるためのバイブル本として、学んでください。

何度も言います。
真面目だけではできません！
仲間を作って本気に経営しなさい。
地場経済に必要不可欠な中小企業経営者後継者の方々へ贈ります。

中小企業の情熱支援コンサルタント
潁川　武司

■目次

第1章　後継者がやるべきこと　～覚悟～　13
・「社長」になるのか？「経営者」になるのか?どちらでしょうか？　14
・志と信念とビジョン無き経営者は失敗する　20
・先代を超えようとするな、最大のライバルは自分　26

第2章　中小企業経営をするには　～自考する～　31
・一番大切なことがあります　32
・中小企業経営者とは何か　36
・中小企業を経営するとは？　経営をしなさい　38
・やれること、やるべきこと、やりたいことを整理しなさい　40

第3章　中小企業後継者　～経営手法～　45
・社長に言い訳は無い、批判されど褒めてくれる人無し　46
・過去話は封印しなさい、有るのは未来のみ　52

第4章　中小企業経営成功ポイント　～取捨選択～　55
・中小企業には「戦略創り＝組織作り」がポイント　56
・何を承継し、何を捨て、何を作り上げるか、選択と集中　60

第5章　中小企業戦略創り　～捨てる事から始まる～　65
・捨てなさい、10対1をしてください　66
・ニュースを読まない経営者は危ない　外的環境感覚　72
・売上を上げるな、ファンを増やせ　勝負は「価格」から「価値」へ　76
・価値転換へ　ベネフィットを考えよ　80
・選択と集中、勝ち抜く経営戦略　86
・独自資源に裏打ちされた差別化ポイントは、競合にはマネできない　90
・勝ち抜く経営戦略ドメイン策定　94

第6章　中小企業組織作り　～仲間が居るからリーダーになれる～　99
・【重要】第二関門を突破せよ　組織化へ　100
・仲間が居るからこそ「リーダー」　右腕と仲間を作れ　112
・後継トップリーダーの仕事　116

第7章　まとめ　世代交代に向けて　〜自身がライバル〜　125
・先代は先代のやり方　126
・引き際の美学　128
・自分は自分、先代を意識するな　130
・成功する承継社長の十箇条　132
・感謝　134

第１章

後継者がやるべきこと
～覚悟～

・「社長」になるのか？「経営者」になるのか？どちらでしょうか？
・志と信念とビジョン無き経営者は失敗する
・先代を超えようとするな、最大のライバルは自分

「社長」になるのか？
「経営者」になるのか？
どちらでしょうか？

経営の準備に3〜5年、
軌道に乗るのに5年。

答えは、経営する者、「経営者」と胸を張って言えるようになることです。器があり、組織があり、何でもある状況下で会社の長という単なる「社長」では、今の中小企業のトップは務まりません。

もちろん、肩書は社長ですが、自らがしっかりと承継して、自らが経営をしているかです。

そして、年齢、性別、資格、学歴、経歴は一切関係ありません。

重要な事は「覚悟」だけです。

第１章　後継者がやるべきこと　～覚悟～

そのためにも経営者になるには最低３～５年ほどの準備期間が必要です。

色々と指導支援してきましたが諸事情がある場合は除き、

間違いなく他社を一社以上経験してから、会社に入ることが重要です。

是非、そうしてもらいたいです。

息子が戻ってくるのだが、役員として企画とか、社長室付が良いですかね？

と、よくこのような相談があります。その時は、

「最初が肝心です。

役職無しで、一番きつい部門に配属が良いですよ」

とお答えします。

分かり易く言えば「**現場**」で**仲間と共に苦労をする気概**が重要です。

実はそれが求められています。

この経験が何十倍となり、後ほど良い効果が生まれるのです。

それは、何よりも先代の「ご子息」というのは現実であり、事実であるからこそ、周りからそういう目でみられてしまいます。
入社間もない時だからこそできるのが「現場」なのです。
後からはなかなか出来ません。

なんでもそうですが、その時期にやらなければならぬものがあります。

「旬」と言うものです。

創業者は、「ゼロ」からスタート、ブレーキ無くアクセルを全開、懸け離れたバイタリティーで、「現場」最前線をやって来られました。
創業者から見れば、それでも甘いのかもしれません。
しかし、後継者の現場経験は不可避です。

それは、

①そのような部門、人達がいるからこそ、組織が成り立っていることを味わえる
②現場を経験することで、自分の自信につながる
③共に苦労するので、真の仲間も出来る可能性がある
④後継者が現場をやっていることが、周りの意欲や信頼関係につながる
⑤後からできない、最初だから出来ることである

入社して一年～二年くらいは、役職無し、現場で色々な経験をしてください。
今しかできないことは、今すべきなのです。

そうすると、おおよそ会社の状況が分かり、人間関係構築もできます。
そこからようやく経営陣に名を連なれ、社内外で経営の実学を３年して
準備期間合計５年程度が

一番上手くいっている承継のケースです。

もちろん、株やお金の承継は専門の税理士先生に相談しつつ「経営に本格参入」です。

されど、経営者として事業が軌道にのり、経営をやっている感を味わえ、楽しく思えるのには5年くらいかかるでしょう。

ここでは、成功する承継経営者として
経営への準備3年と
軌道に乗る5年について
経営を伝授します。

志と信念とビジョン無き経営者は失敗する

経営において、この三点をまず自考（※）することです。

①志
②信念
③ビジョン

はあるのか、無いのか、それは何か、言葉にして実行することです。
全て「覚悟」の表れです。

※自考　自分で考え抜いて結論を出す

ちなみに私、トーマツ時代コンサルティング子会社のトップを担うときもそうでしたし、弊社を創業する時も三日間ほど、一人である温泉旅館に山籠もりして自問自答しました。旅館の方には、「一切声を掛けないで下さい。」とお願いして、

「何がしたいのか、何をしようとしているのか、

それは揺るぎないものか」

これらについて、何度もペーパーに落として部屋で悩みました。

色々と考えつつも、とにかくペーパーに落とすことですね。

私も「甘い自分と厳しい自分」と「強気な自分と弱気な自分」が交互に出てきて悩んで悩んで混乱しましたが、

最後は「やる」という、

覚悟を決めました。

■シート① 自己内観シート

	1日目	3日目
甘い自分		
厳しい自分		
強気の自分		
弱気の自分		
怖い事 (恐怖)		
志		
信念		
ビジョン		
その他		

一日目書いて、一日置いて三日目に書いてみる。ほんとうにそうなのか、確認しました。

今でも覚えてますが、冬の寒空で窓から見える外には雪がちらほら舞ってましたが、覚悟を決めた瞬間、雲と雲の間から太陽が現れ、凄い光を放ちました。一瞬でした。

偶然と言えば偶然なんですけど。

今でも1年に一度その旅館にこっそり行き、自問自答して自己確認しています。

以前出版した「社長の教科書」にも考えるだけではダメ、考え抜かなければならないと厳しく表現しています。

今回も考え抜くという事は、判断決断するということです。

まさに、**経営者の仕事の一つである「判断」業務**です。

これら3点があると、軸があることからブレない経営者となります。
自身も周りも安定しますので、必須事項です。

もちろん、作成することが「目的」ではありません。
あくまでもそれは、芯のある経営者になるための「手段」であり、その通りに実行し、素晴らしい企業になっていくことです。

先代を超えようとするな
最大のライバルは自分

自身との闘いが成功要因です。

えてして先代（親）を超えようとしている方を多く見かけます。

そして失敗するケースも少なくありません。

なぜでしょうか。

タイプが違うのに、無理した経営をしようとした、してしまったからです。

特に組織感が違います。

創業者や先代は、いくつもの荒波を共に乗り越えた、苦楽を共にした同志が居ます。

それは理屈では無く、その関係性は語るに語れないほど「強く熱い信頼関係」「心意気や義理や人情」というものがあります。

簡単に作れる関係では無いものです。
厳しいし、きついし、理不尽なことがあろうとも、創業者先代の絶対的な「愛」がある。

なので

親は親のやり方、

「自分は自分のやり方」で

経営しなさい。

ということです。

権力やマネジメントを模倣したり、親を超えようとすると必ず無理が生じます。

何を超えようとしているのか？

売上？
利益？
社員数？
評価？

要は自身の無意味なプライドであり、周りから比較され、評価されることを恐れているだけです。

そんな周りの事を気にする暇があったら、
まだまだやらなければならないことはたくさんあります。

それに全力投球すべきです。

「見ざる」
「聞かざる」
「言わざる」
特に、先代が素晴らしくて、どうしても周りの評価を気にされる方はこれです。

確かに比較され評価されますが、
自身の性格能力に応じた経営、
自らが目指した経営に対する
「自身をライバル視」してください。

そのためにも毎週、一時間で良いので**自身の振り返り**が必要です。

第２章

中小企業経営をするには

～自考する～

・一番大切なことがあります
・中小企業経営者とは何か
・中小企業を経営するとは？経営をしなさい
・やれること、やるべきこと、やりたいことを整理しなさい

一番大切なことがあります

中小企業経営をするにあたって、一番大切なことはなんでしょうか？

それは、**「心身ともに健康」であること。**

経営するには何よりも「心身ともに健康」であることが重要です。

とにもかくにも、これを肝に銘じること。

色々な遊び過ぎもたまにはあるでしょう。

しかし、一人だけの問題ではないんです。

経営者なんです。存在は重要なのです。

何よりも健康でなければ、経営も何もできません。

経営者たるもの、**「健康管理」**も大切な仕事であることを再認識して欲しい。

第２章　中小企業経営をするには　～自考する～

色々な状況を見てきました。
辛い状況も何度も経験しました。

コントロール不足で道半ばで断念せざるを得ない方も少なくありません。

もちろん寿命、という運命には逆らえないかもしれませんが、少なからず健康管理は重要です。

私も月に平均して１３回前後の会食や懇親会やパーティーがあります。
ある月、いったい何件のお店に行っているのか、カウントしたところ４７件でした。

外食中心でＭＡＸ５次会３時までもよくありますが、
そのような翌日も、プロとして９時から平然とセミナーや研修をします。
その時は気合いのみ、移動時爆睡しています。

仕事柄、ジョブ終了後は、経営塾生やクライアントや社長とのお食事会があります。
基本全て参加します。

それは昼間、皆の前では言えないこともあるでしょうから、夜は一人一人から、しっかりと話を聞いて相談に乗る時間と場を作ります。

なので、いつも二次会以降も私の隣は経営者です。

ちなみにアルコールは家でもプライベートでも飲みませんからこのような時だけです。

仕事や外食や接待が多いからこそ、それを言い訳にしたくない。

服装にも気を使うので、ジョギング、ジム、何もない時は絶食もしくは野菜のみで食事制限をしてコントロールしています。
そして、毎年、人間ドックにて全て検査しています。

何度も言いますが、健康管理も仕事。
だからと言って、食事会や各種会合や遊びをするな、と言っているわけではありません。
それをしながらでもコントロールしなさい。

心身ともに健康、お願いしますよ。

第２章　中小企業経営をするには　～自考する～

■シート② 経営者確認シート

まずはチェックしてみてください

No.	項目	○ ×	コメント
1	熱い夢・情熱を持っている		
2	正しい志・強い信念を持っている		
3	夢・目標計画を持っている		
4	心身共に健康を保っている		
5	社内外にブレーンを持っている		
6	全身全霊本気経営をしている		
7	経営理念ビジョンを追求している		
8	経営戦略を策定している		
9	経営計画を毎期作成している		
10	組織人材育成を常にしている		
11	社内に右腕が存在している		
12	第二関門の壁突破を目指している		
13	財務状況を把握している		
14	キャッシュフロー経営をしている		
15	若者の話をよく聞いている		
16	誰よりも勉強・学習をしている		
17	前向きな発言行動をしている		
18	感謝の心を忘れていない		
19	しっかり睡眠をとっている		
20	時には見ぬふり、ばかになれる		
合計			

※第二関門は別章参照のこと

如何でしたか。○が１５個以上ありましたか？
中小企業の場合、机上論では無く実学、そして生々しいものがたくさんあります。
されど、地場において中小企業は必要欠くべからずの存在であることも事実です。
しっかりと経営者として経営してください。

そして、「**仲間が居るからリーダー**」が出来るという事です。

再度ご理解ください。

■シート③ 経営確認シート

No.	項目	○　×	コメント
1	経営理念があり、追及		
2	ビジョンがあり、遂行		
3	経営戦略があり、実行		
4	人材の育成教育、開発		
5	財務状況全てを、把握		

端的にこの5点に絞られます。
分かり易く言えば、ＰＤＣＡサイクルが備わっているかどうかとも言えます。
如何でしたか。
これらは後の章で深く触れます。

そのためにも現場業務を経営業務にシフトしていくことです。
誰かに任す、もしくは捨てるということをしなければ経営はできません。

自ら創業する苦しみ、楽しみと引き継ぐ後継者の苦しみ、楽しみは一概に比較できませんが、
先代より既に経営されているのは事実です。

そのような環境において、自らがやらなければなりません。

過去があるから、先代や親がここまでやってきたから、今があるわけですが、
環境変化が激しいからこそ「経営の基本」を持って新展開を目指してください。
そのためにも次章にて整理してください。

やれること、やるべきこと、やりたいことを整理しなさい

やれること、やるべきこと、やりたいこと「三つの事」と呼んでいます。

今後、「やりたい事」を素直に書いてみてください。
そのためには、「やるべき事」が見えてきます。
そうしたら、そもそも「やれる事」が如何に無いのか、少ないのか整理できます。

■シート④ 夢への自考整理シート

項目	１日目	７日目
やりたい事 （夢目標）		
やれる事 （現実）		
やるべき事 （計画）		

日を置いて書くとよいです。

如何でしたか。


まずは、**悩みぬいて、考え抜いて、整理する**ことです。

ポイントは、経営者として経営する上での話ですから、自らの「邪念」「我」を捨てきれるかどうかも重要です。


いつも指導するときに、自考を繰り返します。

とにもかくにも考える癖、それもモヤモヤと空中戦するのではなく、しっかりとペーパーに落として整理する事です。

是非、ペーパーに落としてください。


そして本当にそうなのか、何度も何度も自問自答してください。

決まったら、そうです。

腹くくったら、やるしかないです。


いずれにしても整理も出来、確認もでき、そして何よりも心が安定します。

第２章　中小企業経営をするには　～自考する～

第３章

中小企業後継者
～経営手法～

・社長に言い訳はない　批判されど褒めてくれる人無し

・過去話は封印しなさい　有るのは未来のみ

社長に言い訳はない
批判されど褒めてくれる人無し

プロセスを変えなければ「成果」は変わらない。

出る杭は打たれるが、
「出過ぎる杭は打たれない」

いかがですか。

変えることを恐れてはならない、変えることこそが勝ち残る企業です。

そのためにも軸を持つこと、そうすると「恐怖」を「勇気」に変えることが少なからず可能になってきます。

上手くいかない時、周りの声が少しずつ聞こえてきます。気になりますね。

ではどうするか。

上手くいくまでやり続けることです。

ある尊敬する経営者がよく言ってました。

「途中であきらめるからだ。
やり続ければ勝つ、勝つまでやり続ければいい」

だから勝ち続けているのです。

そのかわり、常に熱く熱く本気でやらなければなりません。全身全霊です。

自分だけが頑張ってもだめです。

上手くいかない時こそ周りへの励まし、勇気づけ、モチベーションアップが必要です。

励まし勇気に勝る行動力はすごいです。

ただもちろん、外的環境変化が激しいので財務的な見極めも重要です。


仮に失敗すると、色々な評価や批判されたりします。

失敗はつきものです。その時は時系列的にその要因を振り返り、次に活かすことです。


これこそが、学習です。

勉強は苦手でも学習すればよいのです。


そして、マインドリセット、切り替えです。

終わったことは仕方ないからです。

私は、考えてもどうにもならない事や終わったことを悩む時間を決めてます。

例えば、「よし一時間は徹底的に悔やみ悩み嘆こう」と決めて行います。


それを超えたら、完全クリアーします。

なぜなら、終わった事に時間を費やすのはもったいない。どうにもならないから。

それよりも未来や今後について、どう挽回するかへの時間に費やしたほうが有意義だからです。


ゴルフで言えば、リカバリーショットです。

バンカーに入ったことを悔やんだり悩むのではなく、そこからどう挽回するかに切り替えて、

第３章　中小企業後継者　～経営手法～

全力投球したプレイヤーが勝ちます。

失敗はつきものです。
なので周りの声を聞いても、態度を見ても気にせず、前を向いて正々堂々胸を張ってください。

サッカーでも野球でもエラーはつきものです。
参加しているから、経営しているからミスもエラーもあります、参加していない人はエラーもミスもありません。

ただし、何度もいいますがリカバリーです。

そして、成功したとして誰も褒めてはくれません。
当たり前だからです。

凄いとか、良かったねとは、言ってくれる周りの人はいますが、
そんなものです。

もちろん社内は活性化付き、良い感じになります。

ですので**「部下の笑顔を見て、それを喜び」**として味わってください。

そして、残念ながらその成功を妬む人も少なくありません。
そう言う人はそういう人ですから、距離を置くことです。
その時は心で叫んでください
なら、やってみろ。と・・・

いい時もあれば悪い時もありますので、人のふり見て我がふりも気を付けましょう。
最終的にその成功の積み上げげで、出る杭を通り越して、出過ぎる杭へ。
要は、謙虚に軋轢を怖がらない事です。

過去話は封印しなさい、有るのは未来のみ

部下に、後継者が前職の話や前職と自社との比較を平気で話している場面が良く見受けられます。
自分に自信が無かったり、自分をよく見せたい人、今に不満足な人にこの傾向が多いように感じます。

経営者たるもの、完全封印してください。

思っていても言わない様にしましょう。
聞いた部下はどう感じますか？

過去の自慢話や経歴はどうでもいいです。
どうしても語りたければ、鏡に向かって話してください。

第3章　中小企業後継者　～経営手法～

過去で飯は食えない。
あるのは現在と未来だけです。

第４章

中小企業経営成功ポイント
～取捨選択～

・中小企業には「戦略創り＝組織作り」がポイント
・何を承継し、何を捨て、何を作り上げるか、選択と集中

中小企業には「戦略創り＝組織作り」がポイント

経営戦略とは何か？
勝つための作戦です。
※どのような作戦なのか、次章にて詳しく述べています。

組織実行とは何か？
戦略を実行する部隊です。
※どのようにして実行する組織を作るか、次章にて詳しく述べています。

中小企業が勝ち抜くためには、経営戦略を立案し、その作戦を実行するために組織を作るという基本構造です。

第４章　中小企業経営成功ポイント　～取捨選択～

されど、中小企業の場合「計画」は有るものの「経営戦略」が無いケースがほとんどです。

そして、更に組織が極めて脆弱なケースも大部分を占めます。

①戦略

②戦術

③戦闘

の三段階が考えられ、根本的な①戦略を考えず、目先のテクニカルの②戦術論、そして目の前の③戦闘論に終始しているからです。

とにかく、忙しく頑張っているのです。

下図を見てください。
このサイクルを抜け出して欲しい。

忙しい会社ほど儲かっていないと思います。

忙しいことが良いことではないのです。
忙しい、忙しいという声が聞こえる会社こそ見直してほしいです。
このようにますます厳しく苦しくなり、組織も疲弊してきます。

②戦術と③戦闘を頑張っています。

もちろん、それは大切なことですが、

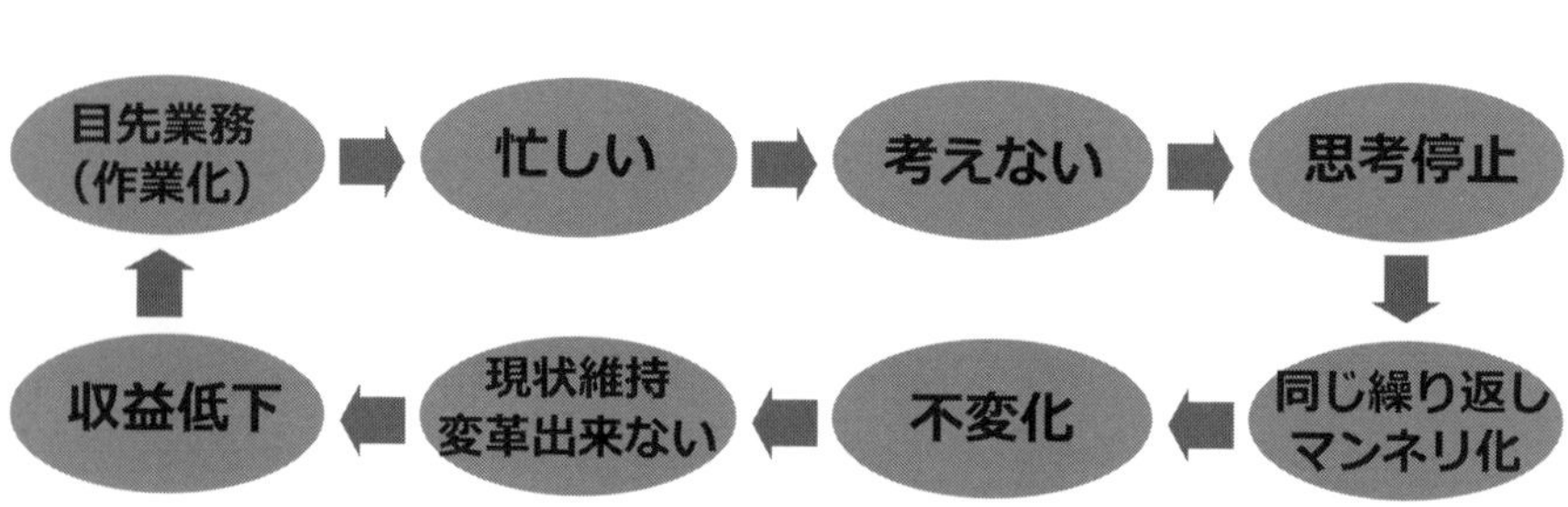

①戦略をしっかり策定することです。

断ち切る勇気と断固たる信念で戦略転換をしてください。

経営戦略策定したとしても、それを実行するのは誰・・・？
そうです。

どんなに素晴らしい経営戦略を策定したとしても、それを実行しなければ何の意味もない。
絵に描いた餅。

戦略を確実に実行する組織人材創りがポイントです。

何を承継し、何を捨て何を作り上げるか、選択と集中

先代より何を承継するのでしょうか。
資産、負債、人材、組織、お客様、取引先ｅｔｃ

経営ですから全てです。
ただし、良きＤＮＡ（遺伝子）は残してほしいですが、新しいＤＮＡも新社長の下でも培養すべきです。

そして何よりも

会社名変更

本社所在地変更

発祥の地売却

事業内容変更

M&A売却

実際にこのようなケースもあります。

こうなったとしても承継できること、それは

地域経済に必要不可欠の中小企業の最大なるミッションは雇用確保です。

極論、どのように変化進化したとしても会社名は変われども地場に根付き、雇用の場を提供し続けられることこそが中小企業経営であり承継であり、企業の継続です。

そして
常に頭に入れて欲しいことがあります。
それは**スクラップ&ビルド**です。

何かを得るためには、何かを捨てることです。

経営資源が乏しい中小企業があれやこれやすると、力が分散してしまい、結局上手くいかないケースが多く、収益事業も危ぶまれることもあります。

あれやこれやとすること、チャレンジするな。
とは言っていません。
しっかりと、「けり」つけてから次へ展開すべきです。

分かり易く言えば、クローゼットの容量限界があるので、新しい洋服を購入したら着ない洋服を捨てなければ入りません。

捨てるからこそ、次への覚悟も出て来るわけです。

中小企業が勝つためには、限りある資源の有効活用であり、何をするか、勝てる領域を選択し、それに徹底集中することです。

第５章

中小企業戦略創り
～捨てる事から始まる～

・捨てなさい、10 対１をしてください
・ニュースを読まない経営者は危ない　外的環境感覚
・売上を上げるな、ファンを増やせ　勝負は「価格」から「価値」へ
・価値転換へ　ベネフィットを考えよ
・選択と集中、勝ち抜く経営戦略
・独自資源に裏打ちされた差別化ポイントは、競合にはマネできない
・勝ち抜く経営戦略ドメイン策定

捨てなさい、10対1をしてください

これまでの各局面の指導支援により15年程前から、各種経営セミナーや経営塾の戦略場面において必ず言い続けていたことがあります。

それは

10やって、1つ当たれば良い。

新しい事業、商品開発をしたとしても1つしか成功しない。

10対1の法則です。
受講生より「9失敗で1成功ということですか？」とよく聞かれます。

違います。
10失敗すれば1成功します。が答えです。

そのためにも

① 10失敗する事
② その失敗経験が大切である事
③ 1つ当たるまでやり続ける事
④ 成功と失敗基準を持って実行する事
⑤ 失敗を認めることもリーダーの仕事である事
⑥ 失敗であれば、辞める事・捨てる事
⑦ 失敗を良しとする風土が必要な事

情報社会の進化、経営環境の劇的変化が著しい中での経営です。

過去の経験体験をベースにした対応では、勝ち抜けないからこそ重要な事なのです。

今も言い続けてます。

「まずはやってみよう」

この風土形成無くして戦略策定のみならず、実行はあり得ません。
そして何よりもその状況下、必要かつ重要な事は「失敗した人物」を減俸、降格、罵倒したり、左遷させたりしないことです。

そのようなことをしてしまうと、やってみようと発言する人も居なくなり、やってみる人は居なくなります。

注意してください。

過去は、新しいことを何もしない事がリスクヘッジでしたが、今は逆。
何もしない事こそ、最大なるリスクなのです。

私が唱えるトップリーダーの３Ｃマインドです。

第５章　中小企業戦略創り　～捨てる事から始まる～

①環境適応業　②問題解決業　③判断決断業

チェンジ
Change
勇気

チャレンジ
Challenge
本気

チャンス
Chance
元気

変革経営とは

「チェンジする勇気」＝「チャレンジする本気」＝「チャンスが生まれる」

まじめだけでは × ⇒ 本気が必要○

タフでスピードを持った勇気と行動

中小企業経営者の鉄則と思ってください。

そして何よりも

中小企業経営は、
トップリーダーのモチベーション次第です。

ニュースを読まない経営者は危ない外的環境感覚

世の中の移り変わりが激しい局面の中で経営をしていかなければなりません。

となれば、常に世の中の動き、トレンドを感じ取ることです。

十年一昔という言葉を聞いたことがあるかと思いますが、これも死語に近く、五年一昔、もしくは一年一昔の時代と感じられます。

ですので、日経新聞、業界新聞、そして地方新聞、ネットニュースなどをしっかり読んでほしいし、読まなければ浦島太郎状態になってしまい、経営もきつくなります。

そして何よりも経営者後継者の方々は、勤務外、要は朝読んで頭に入れて出勤して、その対応などをして欲しいです。

習慣にして欲しい、いや習慣にしなければならないことです。
会社でふんぞり返り、偉そうに新聞を読んでほしくない。

先見性がある社長と言われる方も多いですが、確かにそうであるものの、それは何か。

このような現状をしっかり見据え、そして何よりもそれを受けて行動に移したからなのではないでしょうか。

それに加えて言うとすれば、ネットワークの形成、情報収集も経営資源の重要なポイントですので、異業種、若者など、いろいろな局面への参加など価値観を広げることも重要です。

「知らぬが仏」と言う言葉があります。

「知らないと地獄」ですので、しっかりとウォッチしてください。

ここで一点注意があります。

このようにすると、どうしても「自社自身」と「他社他人」とを比較してしまいます。

何度も言っていますが**比較対象は自分自身**です。

ライバルは自身ですよ

人は人、自分自分、親は親、先代は先代です。

最終的に自身の本気経営力です。

売上を上げるな、ファンを増やせ
勝負は「価格」から「価値」へ

どういう意味？
成功している企業の特徴は、ＢｔｏＣだろうが、ＢｔｏＢだろうが、自社のファンが多数いるという事実です。

その結果、売上が増えるということです。

売上を上げるための経営戦略創りではないのです。
それは営業＆販売戦略です。

第５章　中小企業戦略創り　～捨てる事から始まる～

経営とは、理念やビジョンの追及であり、その存在や価値がお客様に認められているからこそ、売上が上がり、無くてはならない健全なる企業に成長していきます。

だからこそ、ファンがたくさんいるのです。

価格だけでしょうか？
価値があるからこそお客様が居て、ファンになって行くのです。

部下に
今日の売り上げは？
利益は？
客数は？
何件取れた？
注文金額は？
では無く

時と場合によって次のように聞いてみると有効と思います。

お客さん喜んでた？
嬉しそうだった？
どんな反応だった？
笑ってた？
助かってた？
感謝された？

鶏が先か、卵が先か？
の議論ではないものの、本質は何か？

もちろん、売上も利益もお金が無ければ事業は継続できません。
されど、急がば回れ。

プレッシャーを抱え引き継いだ経営者そして後継者は、一度、自考してください。

価値転換へ
ベネフィットを考えよ

では、価格から価値への転換をするためには？

当社の商品・サービスのベネフィットは何でしょうか？
お客様はどうして当社の製品商品サービスを購入もしくは利用してくれるのだろうか？

そこに自社の価値があるのです。
価値も二つに分かれます。

私なりにわかり易く言うと

①機能ベネフィット

基本的な物質・サービスという本質的な価値

②感情ベネフィット

心理的に得られる感情的な価値

いずれにしても
①機能そのものがあるわけですが、それだけでは**価格競争になり易い**のです。

なので、
①機能に加えて②感情が加わると、
価格ではなく価値での勝負に持ち込めますので、
中小企業はここで戦ってほしいのです。
いや戦わなければなりません。

個人的に私は、車が好きなので車を例にとると、最近の車は多彩かつ色々な機能も増えているものの、機能ベネフィットよりも感情ベネフィットが大きいと思われます。

特に高級車などは、往年の名コピー「いつかはクラウン」とか、「いつかあのクルマに乗りたかった」とか、「安全性な車体」や、「羨ましがられる」、「喜びや達成感」等でしょう。

機能ベネフィットそのものがあり、かつ、このような感情ベネフィットの両面があってこそ価値があり、購買されて行きます。

さらにもう一つ

仕事柄、出張も多くて重宝しているのは、コンビニエンスストアです。

機能ベネフィットの商品は定価販売ですが、いつも開いていて、必要なものが手に入るという「便利さ」という感情ベネフィットで必ず寄ってしまいます。

分かり易く言えば、缶コーヒー1本でも平気で買えるけど、スーパーや百貨店では買いにくいですね。

第５章　中小企業戦略創り　～捨てる事から始まる～

ＡＴＭもあり、振込みも出来ます。

昔、某振込用紙にて銀行窓口で振り込もうとしたら、コンビニなら手数料無料ですよ。と教えてくれた親切な銀行もありました。びっくりでした。

最近よく聞くＡＩなども「便利さ」の真骨頂であり、そのベネフィットの追求はより進んで行くと思われます。

では、実際に次のシートに時系列的に過去と現在の変遷で書くとわかり易いので書いてみましょう

■シート⑤ ベネフィット整理シート

	過去	現在
機能		
感情		

注意事項があります。

自社の強みを書く人も多数いますが、そうではありません。

自社が勝手にそう思っていて、お客様はそんなに感じていない場合もあります。

お客様の気持ちになって考えてみてください

どうでしょうか。整理できましたか？
何らかの理由が必ずあります。

まさに、お客様の気持ちにならなければ
わからないのかもしれませんが、重要な事なのです。

ここから、どこにどのように戦略転換していくかです。

選択と集中、勝ち抜く経営戦略

経営戦略をもっと分かり易く言えば、
勝つための「作戦」です。

経営資源が乏しいからこそ、
まともに戦うと負けますから
中小企業にこそ「作戦」が必要なのです。

これが中小企業が勝ち抜くための戦略概念です。

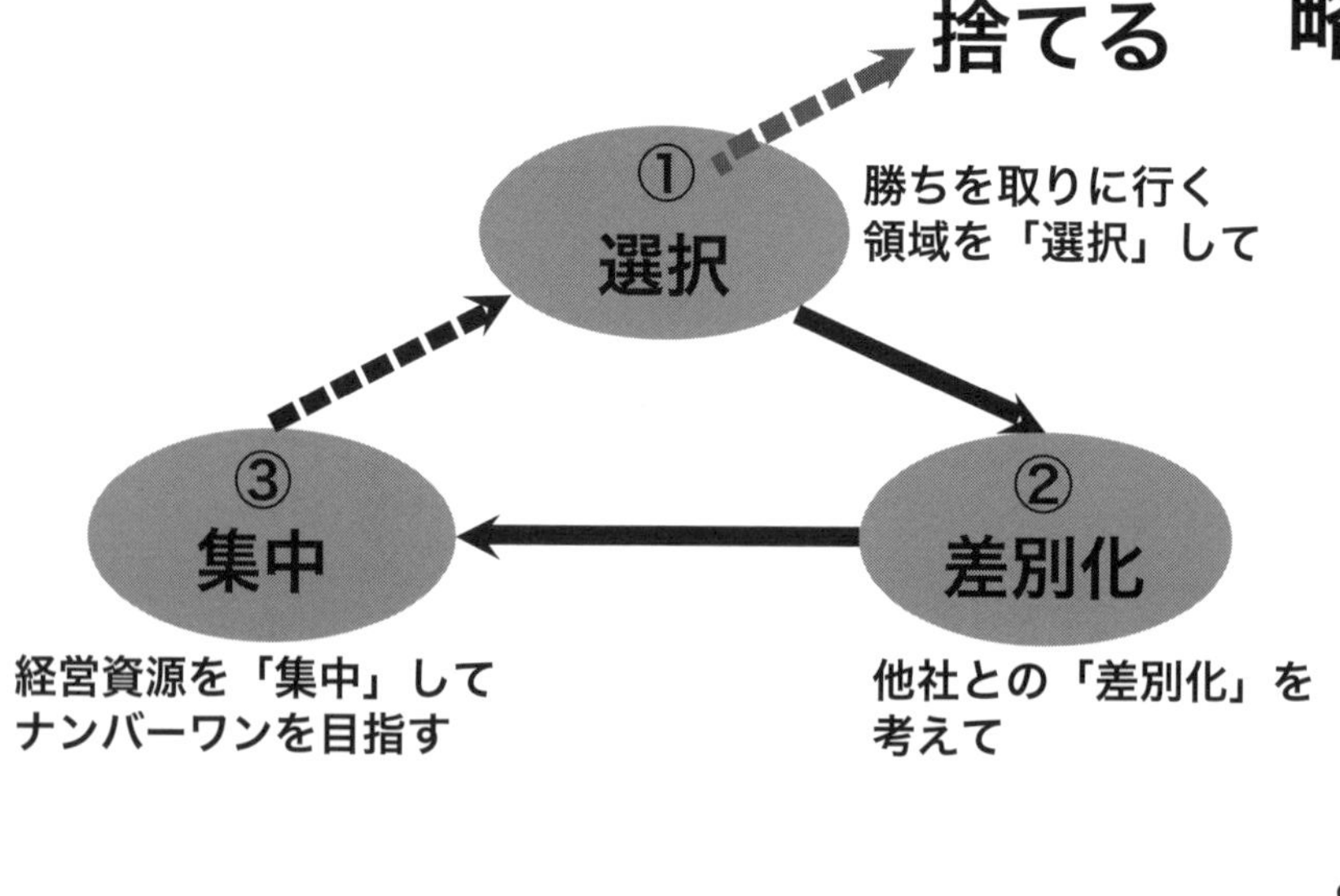

捨てる
①
選択
勝ちを取りに行く
領域を「選択」して
②
差別化
他社との「差別化」を
考えて
③
集中
経営資源を「集中」して
ナンバーワンを目指す

第５章　中小企業戦略創り　～捨てる事から始まる～

①まず、何かを選択することです。

なんでもかんでもやるとか、欲張ってはいけません。
そもそもここで選択しきれず、失敗するケースが大半です。

怖さ?、勇気?、勿体ない?などの感情面をまず捨てさる事です。
もちろん、思い入れ、歴史、そして聖域もありますが、勝ち残るためです。

決断しましょう。

そして何よりも、これまでやってきた地域、事業、店舗、製品商品、サービスを捨てる事です。
決断していただき、捨てる時期は一年後に向けてということもあると思います
勝てる領域を選択するのです。
ここでＳＷＯＴ分析、クロス分析、顧客分析、ベンチマーク競合分析をすると勝てる領域が見えてきます。

②差別化です。

自社の強みや前章のベネフィットとの組合せをして、他社にマネができない事を徹底化していくことで差別化できます。

それには、

独自資源で補完されている差別化ポイントでなければならないのです。

そうしなければ競合にすぐマネされて、差別化が維持できません。

独自資源に裏打ちされた差別化ポイントは競合にはマネできない

ただし、要注意事項があります。

独自資源は、社内にあってお客様には見えない。

しかし、差別化はお客様に見えなければ、そして分かってもらえなければ意味が無いということです。


良く見かけるのが、当社はこれが強みで、これは他社には無いものと言ってますが、お客様に遡及もされず、認知も無いケースがあります。


もしかして、自己満足、自己勝手に解釈していませんか？

それは、過去の話ではありませんか？

③ 集中
領域も決まり、差別化が決まれば、あとは経営資源を短期間に集中して№.1を取りに行くだけです。

第5章　中小企業戦略創り　～捨てる事から始まる～

経営資源とは

人

者

金

情報

スピード

という五つです

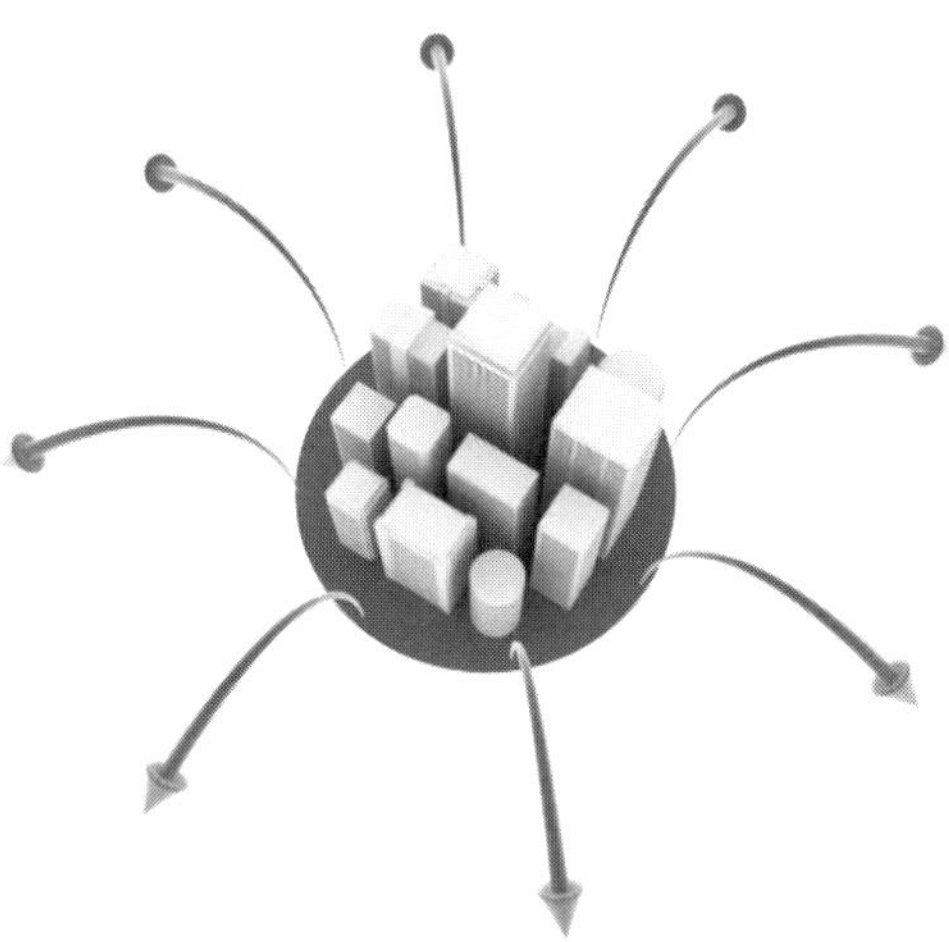

注意する点があります

①短期間で勝負しましょう

②専任者、専門部署を置きましょう

③精鋭のリーダーをおきましょう

④役員管掌がよいです

長期間、兼務では失敗します。また色々な軋轢も生じますので役員管掌の下でやることです。

勝ち抜く経営戦略ドメイン策定

では、具体的に経営戦略とは何か。

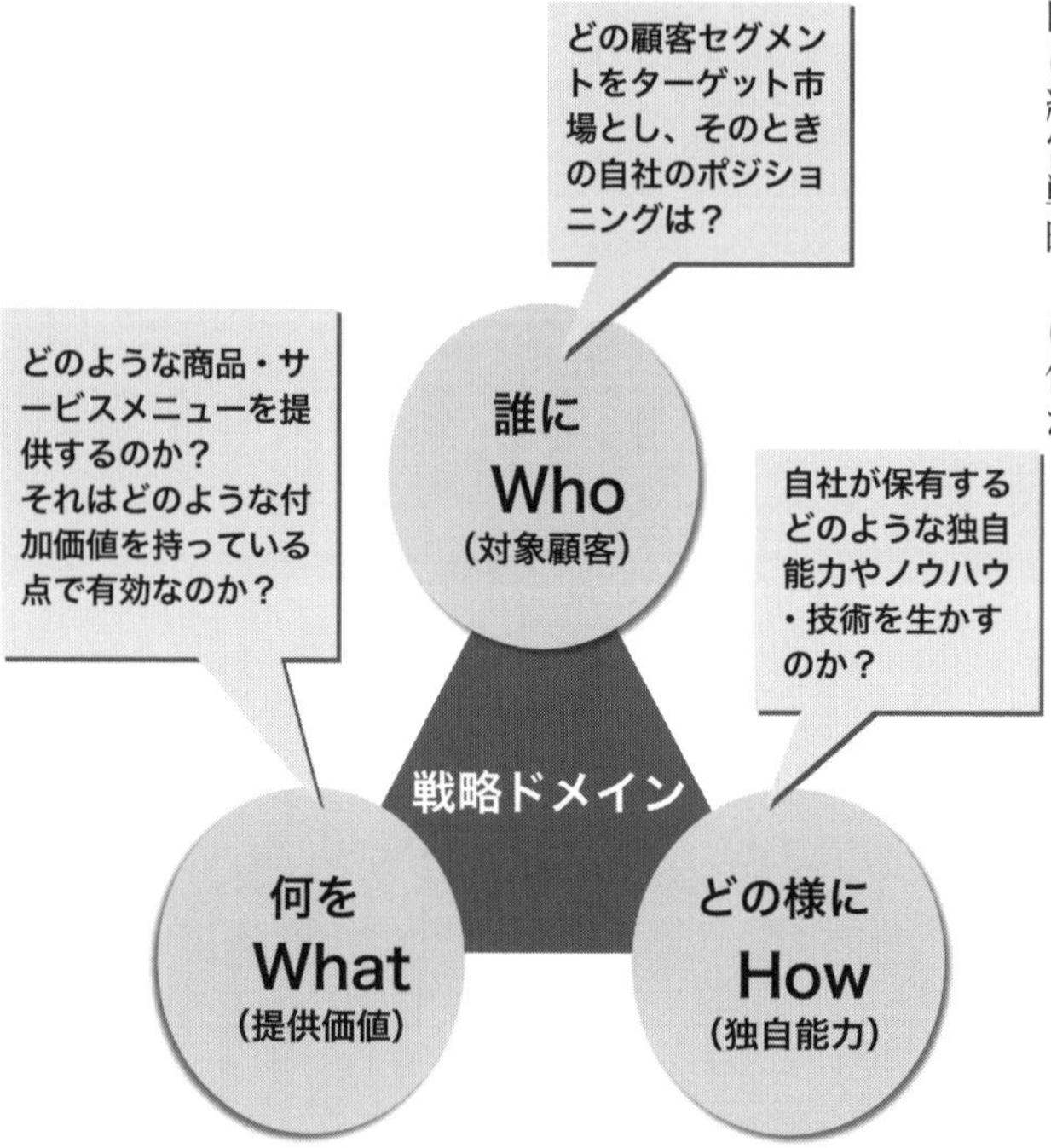
どの顧客セグメントをターゲット市場とし、そのときの自社のポジショニングは？
どのような商品・サービスメニューを提供するのか？
それはどのような付加価値を持っている点で有効なのか？
自社が保有するどのような独自能力やノウハウ・技術を生かすのか？
誰に
Who
（対象顧客）
戦略ドメイン
何を
What
（提供価値）
どの様に
How
（独自能力）

実は、非常にシンプルなのです。

①「**誰に**」という対象顧客、ターゲットを変える

②「**何を**」という提供価値、商品サービス価値創造を変える

③「**どの様に**」という独自能力を生かしていくか

と言う意味でも

特に①誰に、という対象顧客、ターゲットマーケティング志向が一番のカギとなります。

情報社会となり、経済が成熟化し、ニーズが多様化している環境下では万人のニーズに応えてしまうと上手く行きません。

特色を出し、特定の市場に特定の商品サービスを提供する価値こそが重要となっています。

そのためにも
セグメンテーションする事
要は細分化された顧客群に分けて、その顧客群に絞ることです。

例えば、
× **女性向け**
○ **既婚女性、子供有、30代、車を運転する人**
とか、細分化したターゲットに対する商品サービスをしなければ的が外れてしまいます。

これまで記した内容を行うことで、少しずつ見えてくればと思います。

ただし、素晴らしい経営戦略を策定したとして、実行しなければ意味は有りません。

そして、**実行するのは組織体**であり、何よりも**人**なのです。

第５章　中小企業戦略創り　～捨てる事から始まる～

第６章

中小企業組織作り

～仲間が居るからリーダーになれる～

・【重要】第二関門を突破せよ　組織化へ
・仲間が居るからこそ「リーダー」　右腕と仲間を作れ
・後継トップリーダーの仕事

#【重要】第2関門を突破せよ 組織化へ

組織の成長段階図

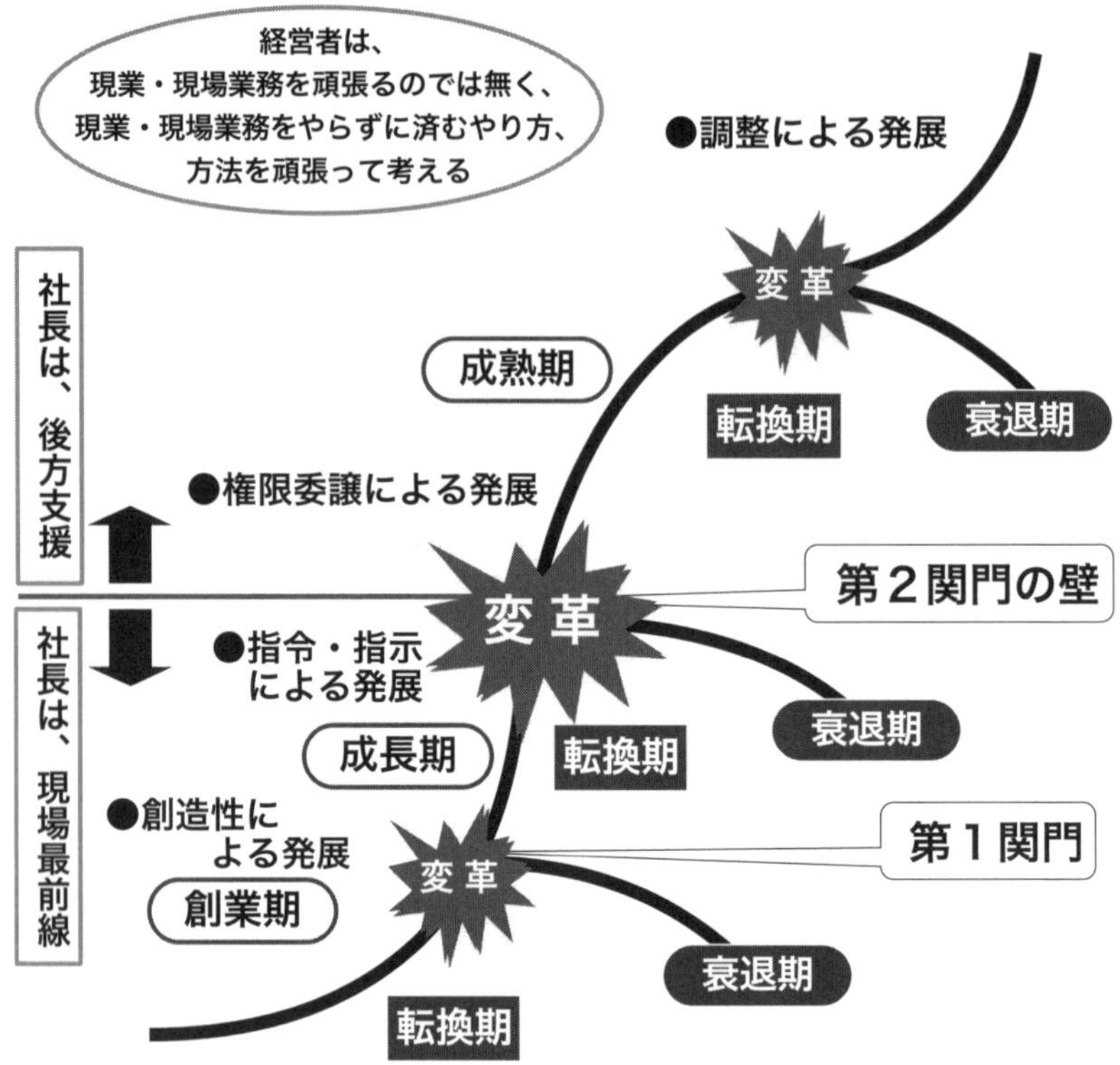

特に創業者から引き継ぐ二代目後継者は、先代と比較されますが、再三言っているように、先代は先代、自分は自分、自身の経営をすべきです。

図は組織の変遷と社長（経営者）のスタイルを時系列に表しています。

特に中小企業の場合、この「**第2関門**」が最大なる**成長のカギ**であることをまずは知ること。

「トップリーダー」の在り方に注目してください。

①創業期

必ず、どの企業も「おぎゃー」と生まれた時期があります。

創業者（トップリーダー）と仲間との同志的な結合により、何かを生み出したい、やりたい、良くしたいなど、熱い志や強い情熱と並外れたバイタリティーでブレーキなんて不要論、アクセル全開にて立ち上げた時期です。

「同志との創造による発展」、机上論よりも行動力で突破、次第に立ち上がり、「第1関門」にぶち当たります。

ここで、「**販路拡大**」と「**資金調達**」により次の成長モードへ一気に加速です。
この二点が出来ない企業は、変革できずに衰退してしまいます。

最近、この二点については環境が整い、突破しやすくはなっています。
それは

・各種ベンチャーファンド創設
・国や県の助成金や資金支援
・これらのベンチャー支援体制とノウハウ
・ビジネスマッチング体制

など、支援する側のファイナンス、支援体制などのノウハウの蓄積が大きく、以前よりは、環境が整い、ベンチャーが立ち上げやすくなってきています。

②成長期

トップリーダーの凄技、パワー、そして先頭に立って、周りに指示命令をしながらも、自身も動いて規模も売り上げも拡大していきます。

「指示命令による発展」、トップの指示通りに動いて実行することで成長していきます。

役職があってもトップから見れば、皆同じ平社員、「文鎮型組織」です。

ここまでは指示通りに動く人材が、良い人材として大活躍をします。トップリーダーと意見の食い違いで、意志のある人材は、伸び盛りの企業であるものの去っていく傾向にもあります。

要は、トップの言うとおりに動く人材が人財の時期。トップリーダーが厳しくも、熱い心に集い、確固たる信頼関係で成り立っており、心も事業も満たされている良い状況です。

しかし、一年ごとに歳を取り、昔ほどのパワーもなくなり、更に時代環境に適応できなくなります。そろそろ誰かに少しずつ、委譲していかなければ、自分が全てやることは不可能になってきます。

その時こそ、第二関門の壁となります。

一言で言えば、「**任す**」と言えるか、そして「本当に任しきれる」かどうかです。

任す側、任される側、両面の問題が出てきます。

トップリーダーは、「**任すと言いながらも、任せられない**」ケースが多いです。
やはり気になるのです。

さらに
部下は、任せられたが、どうすればよいかわからない・・・。困ったなぁというケースが多いです。

それは何か？
トップリーダーから言われた事、指示されたことを誠実かつ確実に実行する人材であるものの、自ら考えて動く人材が圧倒的に不足しているからです。

特に創業者が戦略家であればあるほど、その傾向が強いように感じます。

このアンマッチ差により中小企業の成長は停滞していきます。

それを「第２関門の壁」と私は名付けています。
次頁が突破口です

■シート⑥ 組織作り確認シート

No.	項目	○ ×	コメント
1	理念・ビジョンの確認追求		
2	目標・計画の明確化		
3	組織図・職務分担の明文化		
4	権限委譲・職務権限規程整備		
5	各種業務フローの作成実践		
6	各種マニュアルの整備運用		
7	けん制チェック体制構築		
8	計画的教育研修の実施		
9	人事評価制度体制の整備		
10	システムの整備		
合計			

クリアー方法は、組織化推進です。

極端に言えば、これをしても直接的かつ迅速的にも「売上」「利益」は上がりません。

なので、創業者は得てしてこれらをすることに抵抗があり、嫌がる傾向が高いように思われます。
攻撃ではなく、守備だからです。

過去、こんなケースがありました。

二代目社長が更なる成長を目指し、組織化を進めたい一環で初めて研修をすることになりました。
されど、取締役会にて創業者から否決され、お詫びがありました。
創業者曰く、「そんな暇があったら、飛び込みに行け」と言われたそうです。

組織化に向けての3ポイントです。

車に例えると、「組織機構」は車の車体、まずはフレームワークがなければどうにもなりません。

そして「組織機能」とは、車で言えばエンジン、必要不可欠、
フレームワークだけでは単なる鉄の箱です。
それに「人材」という、運転する人材がなければ動きません。
余談ですが、いずれ自動運転になる可能性も高いようですけど。

しかし、組織化に向けて整えるにしても、
時間もお金も根気が要りこれらが根底の実力となり、
いずれ花が開き、強いものになっていきます。

私が、昔から唱えている

「SSC」

□組織機構(ベストな組織)	□組織機能(1+1＞2)	□人材の充実(企業は人なり)
・職務分掌・権限 ・業務フロー ・内部牽制等整備	・リーダーシップ ・意思決定プロセス ・コミュニケーション	・採用・教育 ・配置・評価・待遇 ・定着
自律的メカニズム	好ましい組織文化	優れた人材確保

Sスモール
Sストロング
Cカンパニー

大きければ良いと言うわけではない。
小さくても強ければいいではないか。
それが中小企業の強さにして欲しい。

残念ながら人間、歳を取り、いずれ死にます。
されど、、、中小企業は死んではならない。
経営者・従業員が全て総入れ替えになったとしても、
中小企業は存続していかなければならない。
そうしてもらわなければ、地域経済成長発展存続には
中小企業は欠かせません。

先代経営者へ「自分が居なくても回る会社創り」
「組織の成長段階図」の左上に記しています。

経営者は、
現業・現場業務を頑張るのでは無く、
現業・現場業務をやらずに済むやり方、
方法を頑張って考える

③成熟期

第２関門突破に組織化が進み、色々なリーダーも育ち、事業部制や分社化立ち上がり事業も収益も向上していきます。

注意：戦略性そのものの定義は入っていません。

すると、何が起こるのでしょうか。

今度は新たな問題が発生します。

同じ会社、もしくはグループにも関わらず、採算収益カウントが違うことにより、エリア、商品、顧客の争い、そして部門が違うことで見えない壁ができてきます。

「調整による発展」、グループ内営業や打合せ調整などが必要になってきます。

部門も増えて、個々の権力が増して管理マネジメントが横行し、その調整などに時間を費やしてしまい社内の事で疲弊します。

もしくは組織階層が増え、稟議決裁に時間もかかり、スピードが無くなります。

お客様目線が薄らぎ、社内目線になってしまいます。

優秀な若手人材が疲弊感に苛まれて、転職するケースも少なくありません。

収益も低下ということになりかねなく、衰退期になることもあります。

対策は、一旦、本社本部に吸収合併にて取りこんだり、事業部制を廃止して体制の再構築を急がなければなりません。

中小企業の場合、ここまでなることは稀ですが、このようなケースもあることを頭に入れておく必要はあると思います。

それで、何十年して、結果また創業時期に戻ると言うサイクルにより、企業は組織的な観点を主流に考えれば存続していきます。

第６章　中小企業組織作り　～仲間が居るからリーダーになれる～

仲間が居るからこそ「リーダー」右腕と仲間を作れ

後継した時点で、既に事業も商品サービスもそして組織もあります。しかし、その組織は、先代が作った人材であり組織ですので、先輩社員との関係性に後継者は悩んでいます。

特に幹部連中は笛吹けど踊りません。それはそうです。苦楽を共にした先代との結びつきは測り知れず、絶対的な信頼関係があります。新社長にはそれは残念ながらまだありません。

冒頭申し上げたように、入社時に役職無しで、辛くきつい部署で、先輩社員と苦しみ楽しみ厳しさを共に経験して、仲間として受け入れられていれば、まだこの限りではありません。

されど、いくら社長になったとしても、仲間が居るからこそリーダーが出来るのです。それを再認識して欲しいです。

第６章　中小企業組織作り　～仲間が居るからリーダーになれる～

ですので、社長就任前から承継の準備、とりわけ経営体制、仲間創り、右腕創りが最重要事項です。

これまで色々なケースがありました。

①大学を出てすぐ入社し経営者、経験ノウハウなく、よき時代の先代の模倣状態
②他社を経験して入社して専務、しかし、現場知らず、興味なく、内勤中心
③ブレーン不在、孤立、指示権力のみで動かすが、動かず
④現場とコミュニケーション取らず、また現場そのものに興味ない
⑤現場知らずに、戦略、理論先行型、誰からも理解されない
⑥言われるまま役職あるのみ、信頼無く、役割が果たせない

さてどうするか。

承継準備中に組織内から右腕となれる人材を育てる努力が一番です。
もしくは外部招聘もありです。

どのような右腕タイプが良いのでしょうか。

①自ら育てることができる能力がある人物
②士気を高めてくれる前向きな人物
③自身に持っていない能力性格があり、補完関係が成り立つ人物

中小企業の成長発展は、社長のみならず自身の可能性とともに取り巻く人材、とりわけ右腕の存在如何に大きく変わってきます。

特に、すべてにYESマンの右腕では「裸の王様社長」の出来上がりです。
これでは決して上手くいきません。

右腕は、時と場合に寄っては「NO」と言える、気概のある人物こそ二人三脚で上手くいくケースです。

まずは自分自身の性格（感情、理性、理屈、暴走？）を知ることとです。
もちろん、社長そのものに魅力がなければ右腕はついて来ないことは事実です。

そのためにも、私は色々な局面を見てきて言えることがあります。
右腕が猛反対するときは、しばし「熟慮、配慮、再考」をしてください。また、右腕も猛反対する時は「退職願」持して命がけでやって欲しいです。

このような修羅場を何度も要り返すうちに、ＳＳＣ二人三脚経営となっていきます。

過去、私の場合は

①士気を高めてくれ、時にはＮＯとはっきり言ってくれる前向きな営業系人物

②常に中立で客観視して冷静な実務系人物

③思考を合わせてくれて、いつもＹＥＳ傾向で指示通り動いてくれる財務系人物

という、トロイカ、騎馬戦の三人が居ました。

でも時には、大きくぶつかり合ったことも何度もありますが、ベクトルも意欲も価値観も同じ、身をもって創業時の同志に助けてもらいました。

右腕、そして左腕、ベストは三人いると経営は助かります。

まずは自身も磨きつつ、育てて行きましょう。

後継トップリーダーの仕事

①世代別の感覚をまとめてみました。

創業経営者 ➡ 二代目経営者 ➡ 三代目経営者

	創 業	二代目	三代目
現場感覚	●	×	△
金銭感覚	●	×	△
営業感覚	●	△	△
※管理意識	×	○	△

第６章　中小企業組織作り　～仲間が居るからリーダーになれる～

創業者の現場・金銭・営業感覚は、ずば抜けている反面、経営管理や組織化と言う管理意識はほとんどありません。ですので業容が拡大し、人が増えてくると、それが仇となってしまいます。

その状況を見た、見てきた後継者は少なからず、計数管理、人事制度、労務などの管理面の整備構築に奔走します。

もちろん、前述したようにそのような管理組織化は必要です。

気になるからするのか、経営面から見てそのように判断したかに寄りますが、すべてそれに傾注するわけにもいきません。

というのも

これまでのよき時代は、
先代の引いたレールに沿った「守り」で良かった

↓

この厳しい時代では、
「守り」ではなく、「攻め」が必要

↓

「攻め」るためには、
戦略計画と組織活性化による戦略実行部隊の組成実行

↓

勝ち癖

そのためにも後継者は、
①現場感覚、②営業感覚、③金銭感覚の「三感覚」

過去の経験、実績がこの時代には全く通用しなくなっている。
カッコたるブランドや地場の名士たる企業の伝統を守っていては、防戦いっぽうです。
野球も、サッカーも、点を入れなければ勝たないのです。
そして、勇気をもって攻めなければわからないのです。

組織で守りながらも、戦略で攻めてください。

その為にも私は、後継者に向けて

③ 三感覚のメッセージをいつも唱えています。

① 現場感覚（出先・最前線） ― 現場とのコミュニケーション

現場からのみ、課題、課題解決の糸口、さらにはアイデアが出てくる。
営業、製造、管理などのあらゆる現場の感覚が必要である。
現場を知っていること！

② 営業感覚（お客様） ― お客様とのコミュニケーション

自社を冷静に見ている、お客様はだれか、井の中の蛙では無く、世間・競合・お客様からの本当の声（クレームほか）を聞き、自社、商品・サービスの実力掌握

③ 金銭感覚 ― 調達先とのコミュニケーション

資金の重要性、特に調達と運用という貸借対照表から損益計算書に結びつく「儲け方」を知ることと、金に強い！金融機関との関係性と重要性

創業者のように、スーパーマンの如く全ての実務をやることはできませんので、せめてこの感覚を研ぎ澄ましてもらいたいのです。

たとえばこのような感じです。

・会話している内容が理解できる
・現場や営業の情景が目に浮かぶ
・現場や営業のメンバーの性格や能力がわかる
・どのようなお客様なのか、当社をどう思っているのか
・銀行の言っている意味、計数把握ができる

こうすることにより、経営判断もしやすくなりますので三感覚です。
現場にしばらく行きましょう
営業最前線にしばらく行きましょう
銀行と会話していきましょう

引き継がせる側も、引き継ぐ側もそのような「場と時間」をより多く取ってください。

④ここからは承継した社長の具体的業務です。

どのような会社にするか方向設定

- 自身の志・信念確認
- 自社の経営理念確認
- 将来に向けてのビジョンを作り
- ビジョンを達成ための戦略策定
- 経営資源の割り付けと計画創り
- コントロールＰＤＣＡ体制（月次会議体など）

人材の方向づけと整列

・経営幹部に進むべき方向に関してコミュニケーション
・ビジョンと戦略を理解させる
・協力関係を作り、チームを組成
・責任者と適切な人材配置
・責任と権限の割り付け
・規程マニュアルなどの整備

全て、社長が出来るわけではありません。
経営陣が断固たる結束の元、役割分担して経営をしてください。

今からより重要なことは、**人材を勇気づけていく。**
これにすべて好き嫌いではありません。
社長としてやらなければならないことです。

第７章

まとめ　世代交代に向けて
～自身がライバル～

・先代は先代のやり方
・引き際の美学
・自分は自分、先代を意識するな
・成功する承継社長の十箇条
・感謝

先代は先代のやり方

先代との関係性は色々あります。
少なからず、仲の良いケースは少ないようです。

創業者である親は、全身全霊で会社を立ち上げたという確固たる自信と迫力もあり、何よりも会社が生きがいであり、我が子同様な存在であることを後継者は尊敬の念を持ち、しっかりと理解すべきです。

その上で、どのようにして承継していくか。

■承継チェックリスト

①後継者が居るならば60歳までに承継しましょう

②誰に承継させるか50代には頭に入れておきましょう

③3～5年の準備期間を持ち「経営と財産」の承継しましょう

④承継した後の自身の身の振り方を考えておきましょう

⑤承継後の役割・立場・役職も後継者と話をしておきましょう

⑥承継時に大切な大仕事は、古参組への印籠を渡して共にリタイヤしましょう

⑦時代、年代、立場の開きあり、後継者と意見の食い違いは当然としましょう

⑧親子ケンカは否定しませんが、時と場合をわきまえましょう

引き際の美学

色々な事例に携わってきましたが、
若くして五十歳で承継した社長もいましたが、反面、後継者が居るにもかかわらずまだ頑張っている社長もいらっしゃいます。

ここまで会社を成長発展させ立派にした社長だからこそです。
最大なるポイントは「**引き際こそが美学**」

野球もサッカーなどプロ選手や芸能界でも最近、安室奈美恵さんの引退など色々な場面で、引き際というものがあります。

あの有名なジャパネットの高田社長も息子さんにバトンタッチして
「ノータッチ」で
今は別分野で更にご活躍されてます。

「**引き際の美学**」いかがでしょうか？

自分は自分、先代を意識するな

①自分は自分、親を意識しないようにしましょう

②ライバルは親ではなく、自身が決めた自分を目指しましょう

③下手くそでもよい、不器用でもよい、一生懸命本気経営しましょう

④四六時中一番働き、一番勉強し、謙虚に学びましょう

⑤新経営体制と右腕創り、社内外の強力なブレーンを作りましょう

⑥承継後、早期に方針方向性、戦略計画を全員に発表しましょう

⑦新聞と共に、一週間に一冊以上の本を読みましょう

⑧社外活動とともに社内とのコミュニケーションに励みましょう

第７章　まとめ　世代交代に向けて　～自身がライバル～

最初は、社内外の視線や評価を気にしてしまいがちですが、そんなことより如何にして会社を成長発展存続し続けるかに、力点を置いてください。

そして何よりも、時には**「叱ってくれる師匠」**を持ってください。

成功する承継社長の十箇条

一．揺るぎない「信念」＆「志」を持つ

二．正しい「理念」＆強い「ビジョン」を描く

三．「健康」＆「覚悟」腹をくくる

四．社内外「ブレーン」の存在

五．戦略的「スクラップ」＆「ビルド」を行う

六．仲間が居るから「リーダー」精神

七．任せる「責任」＆「権限」の実行

八．三つの「気」＆三つの「C」

九．「勇気」とは見る事&見ない事

十．羅針盤機能による「実行力」＆「管理力」

感謝

先代（親）、従業員、取引先、お客様など全ての関係者に対する
「感謝」の気持ちをいつなんどきも忘れないようにしてください。
忘れ、奢ると綻びがでます。

常に「感謝」の心

良き遺伝子を残しつつ、
自分経営を確立するためにも、
自分磨きが第一歩となります。

おわりに

如何でしたでしょうか？
色々なことが整理できたのではないでしょうか。
読み返して、再度自考して、シートに整理したら、仲間と共にあとは実行です。

3Cを持って
本気になって
全力で攻めて
中小企業経営をしていきましょう。

■自己紹介

・2007 年「社長の教科書」成功する社長の 5P マネジメント経営、出版

・2007 年「V 字回復の軌跡」(実例の再生へ軌跡) VTR&DVD 化

・中小企業の情熱支援コンサルタント 25 年、56 歳

・中小企業後継者幹部育成専門コンサルティング会社
　トータルビジネスマネジメント株式会社（TBM）
　マネジメントコンサルタント 兼 代表取締役社長

・詳細経歴

学卒後、中小及び上場企業、非オーナー＆オーナー企業 4 社（金融、リース、半導体メーカー、外資系生保）にて、営業、経理、財務、企画、コンサルセールス、秘書室など 10 年ほど経験後、監査法人トーマツのコンサル部門に入社し 13 年間一貫して中小企業を指導支援、トーマツコンサルティング(当時38歳最年少取締役)、グループコンサル会社常務、オールトーマツのディレクター職、デロイトトーマツコンサルテイングディレクターなど西日本開発責任者を経て 2010 年独立。

◇ **信念・信条**

・「教育は情熱」を信念に、二度と無い今日に全力投球

・「中小企業の成長発展存続に資する」をミッションに各地を飛び回っている

・信条は 3P「パワー・パッション・プロフィット」

◇ **実績**

・実企業での 10 年間の実務経験とコンサルタントとして 25 年の実績

・福岡市にオフィスを構え、地場九州を中心に全国へ展開

・地場中小企業経営コンサルテイング 1,050 社

・経営セミナー、経営者後継者幹部育成研修 3,600 回超、受講者は 96,000 名超

・後継者育成は 1,000 名を輩出、

◇ **後継者育成**

・各金融機関主催の「次世代経営塾」等にて社長・後継者養成の塾長専属講師

・年間 12 回全コース (経営・戦略・組織・財務) を継続一貫指導

・延べ 1,000 名程の塾生が存在

・弊社潁川塾 (経営後継者、右腕幹部、経営財務他コース) も主催

◇ **その他**

・育成指導後、会食懇親会へは全出席、夜も良き相談相手

・SNS は、Blog、Facebook、そして YouTube 動画も配信中

・オンライン経営塾・オンライン相談室サロンなども開講中

トータルビジネスマネジメント株式会社（TBM）

https://www.tbm5p.co.jp/

小さくても強い会社への本気経営
成功するバトンタッチ経営

二〇二〇年九月二十日　初版第一刷発行

著　者　頴川武司
発行者　谷村勇輔
発行所　ブイツーソリューション
〒四六六‐〇八四八
名古屋市昭和区長戸町四‐四〇
電　話　〇五二‐七九九‐七三九一
ＦＡＸ　〇五二‐七九九‐七九八四
発売元　星雲社（共同出版社・流通責任出版社）
〒一一二‐〇〇〇五
東京都文京区水道一‐三‐三〇
電　話　〇三‐三八六八‐三二七五
ＦＡＸ　〇三‐三八六八‐六五八八
印刷所　モリモト印刷

万一、落丁乱丁のある場合は送料当社負担でお取替えいたします。ブイツーソリューション宛にお送りください。

ISBN978-4-434-27827-3